कविता और शायरी
VOL-3

श्रीराज मेनन

Copyright © Shreeraj Menon
All Rights Reserved.

This book has been published with all efforts taken to make the material error-free after the consent of the author. However, the author and the publisher do not assume and hereby disclaim any liability to any party for any loss, damage, or disruption caused by errors or omissions, whether such errors or omissions result from negligence, accident, or any other cause.

While every effort has been made to avoid any mistake or omission, this publication is being sold on the condition and understanding that neither the author nor the publishers or printers would be liable in any manner to any person by reason of any mistake or omission in this publication or for any action taken or omitted to be taken or advice rendered or accepted on the basis of this work. For any defect in printing or binding the publishers will be liable only to replace the defective copy by another copy of this work then available.

क्रम-सूची

क्रम-सूची

क्रम-सूची

क्रम-सूची

क्रम-सूची

भूमिका

पुस्तक में लेखक द्वारा लिखित हिंदी कविताएँ और शायरी शामिल हैं। इसमें कविताएं, शायरी और प्रेरणादायक उद्धरण शामिल हैं।

इस पुस्तक में लेखक द्वारा लिखी गई कुछ कविताएँ और शायरियाँ हैं जो प्रेम, प्रकृति और जीवन के सामान्य दैनिक पहलुओं पर आधारित हैं। कुछ प्रेरक प्रसंग भी हैं। प्यार में पाया गया प्यार, खोया हुआ प्यार और फिर से जगा हुआ प्यार शामिल है। इसी तरह, प्रकृति में प्रकृति का महत्व है और लोग बिना किसी दुष्प्रभाव के प्रकृति का अपने फायदे के लिए दुरुपयोग करते हैं। सामान्य में जीवन के सामान्य पहलू होते हैं जो लोगों और परिवेश के साथ चलते हैं।

पावती (स्वीकृति)

मैं अपने उन दोस्तों को धन्यवाद देना चाहता हूं जिन्होंने मुझे कविताएं और शायरी लिखने के लिए प्रेरित किया, जिसे मैं कहता था और भूल जाता था। मैं आपके कोट प्लेटफॉर्म और उसके सभी सदस्यों और समूहों को भी धन्यवाद देना चाहता हूं जिन्होंने मुझे अनुमति दी और मुझे इसके मंच पर अपनी सामग्री लिखने के लिए प्रेरित किया। मैं नोशन प्रेस और उसके सभी सदस्यों को भी धन्यवाद देना चाहता हूं जिन्होंने मुझे अपनी सामग्री को अपने मंच और समय-समय पर मार्गदर्शन के माध्यम से प्रकाशित करने की अनुमति दी, जो उन्होंने मुझे मेरी त्रुटियों को ठीक करने के लिए दिया।

1. आगाज़-ए-सफ़र

आगाज़-ए-सफ़र
आगाज़-ए-सफ़र तो हमने सुरु किया
तन्हा हूँ अब क्या जाने क्या होगा आगे
सफ़र पर तो चल पड़े हैं बड़े शान से
रुकना नहीं है अब बस चलते रहना है
— Raj

2. दिल के किसी कोने में

दिल के किसी कोने में
आज भी तेरी मूरत बसें है
चाह कर भी तुमको हम
दिल से निकाल नहीं पाये है

तुम्हारे प्यार के हर लम्हे
वो प्यारी प्यारी बातें
वो सारे पल जो हम
साथ मिलकर बितायें हैं

— Raj

3. कौन सोचता है

कौन सोचता है
आज के ज़माने में
क्या गुजर रहा है
दूसरों के ज़िन्दगी में

अपनी ही पड़ी है
लोगों के दिलों में
वक़्त कहा है
दूसरों को सँभालने में

कौन सोचता है
आज के ज़माने में

— Raj

4. यह रिश्ता कलम से

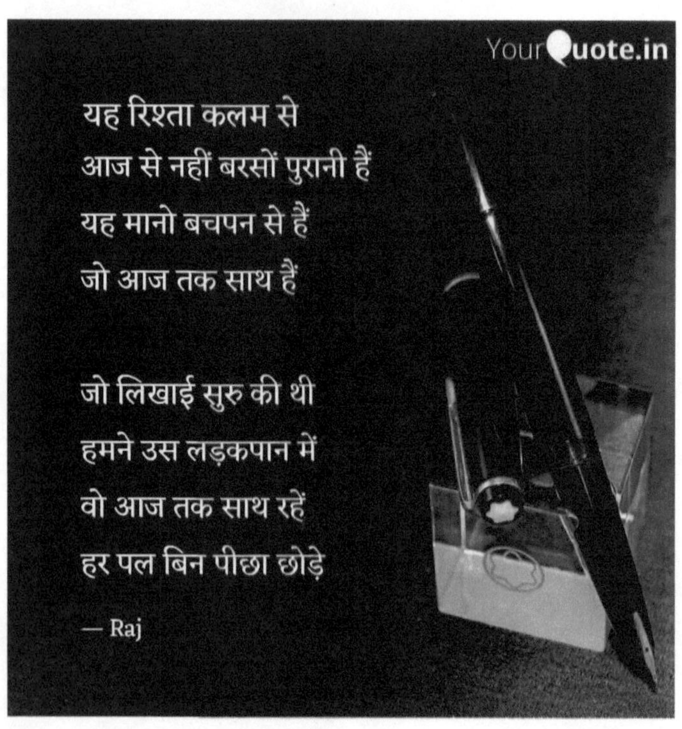

यह रिश्ता कलम से
आज से नहीं बरसों पुरानी हैं
यह मानो बचपन से हैं
जो आज तक साथ हैं

जो लिखाई सुरु की थी
हमने उस लड़कपान में
वो आज तक साथ रहें
हर पल बिन पीछा छोड़े

— Raj

5. दिल में नहीं जगह रही

दिल में नहीं जगह रही
आख़िर कहाँ रही कमी
तुम रूठ कर बैठी रही
दिल से अपने उतार दी

ऐसा क्या खता हुई
जो हमसे यूँ दूर हुई
दर्द हमसे सहा जाता नहीं
क्या करू अब इस दिल की

— Raj

6. आत्महत्या

आत्महत्या

यह आत्महत्या क्या है?

बहुत सारे लोगों को ये पता नही है की आत्महत्या क्या है। आत्महत्या का मतलब आत्मा की हत्या अर्थात आत्मा को मारना। इसे इंग्लिश में सौल सुसाइड कहते है और सुसाइड को ख़ुदकुशी कहते है। जो व्यकती अपनी आत्मा को मारते है, उसमे कोई भी प्रकार का विकार नही होता, उसे आत्महत्या कहते हैं। ना सुख का, ना दुःख का, ना ख़ुशी का, ना दर्द का। वो तो बस निष्क्रिय रहता है। इस अवस्ता को कहते है की उस व्यकती ने आत्महत्या की है और जो व्यकती अपनी खुद की जान ले लेता है उसे खुदख़ुशी कहते हैं।

अगर आप लोगों के समझ में आ गये तो

धन्यवाद

—Raj

7. अगर ऐसा हो जाए

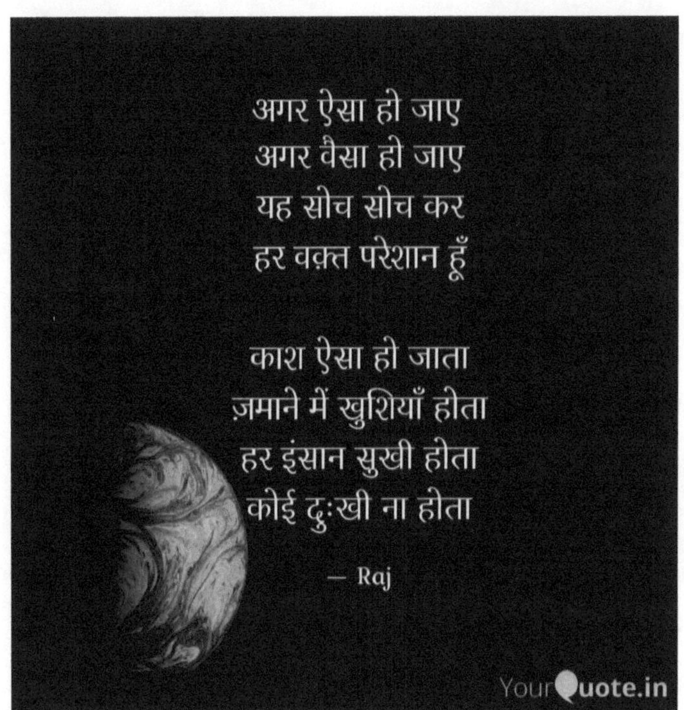

अगर ऐसा हो जाए
अगर वैसा हो जाए
यह सोच सोच कर
हर वक़्त परेशान हूँ

काश ऐसा हो जाता
ज़माने में खुशियाँ होता
हर इंसान सुखी होता
कोई दुःखी ना होता

— Raj

8. ऐ धरती माँ

ऐ धरती माँ कैसे सह लेती हो गुस्ताखियां

इंसानों ने तो तेरा सीना चीर दिया

मारपीट और बमबारी से बर्बाद कर दिया

पेड़ पौधा, पहाड़ और नदिया नष्ट कर दिया

इंसान खुद इंसान का जीना हराम कर दिया

कैसे सह लेती हो यह तमाम दर्द जो इंसानों ने तुमको दिया

—Raj

9. एहसास

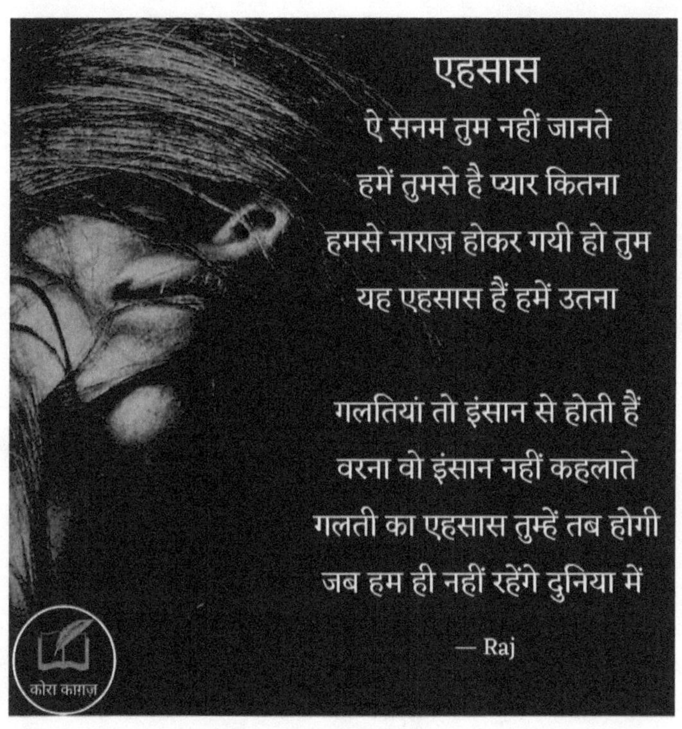

एहसास

ऐ सनम तुम नहीं जानते

हमें तुमसे है प्यार कितना

हमसे नाराज़ होकर गयी हो तुम

यह एहसास हैं हमें उतना

गलतियां तो इंसान से होती हैं

वरना वो इंसान नहीं कहलाते

गलती का एहसास तुम्हें तब होगी

जब हम ही नहीं रहेंगे दुनिया में

— Raj

10. प्यार गलत इन्सान से

11. दुनिया की चमक धमक

अर्ज़ कुछ यूँ किया हैं जरा गौर फरमाइयेगा

दुनिया के चमक धमक में तुम यूँ ही खो गई
दुनिया के चमक धमक में तुम यूँ ही खो गई
यह भी ना देखा मेरा दिल हैं खिलौना नहीं
तुम तो खुश होगी अपनी उस दुनिया में
टूटे हुए दिल लेकर रोता हुआ रह गया मैं

— Raj

12. मौत अगर लिखी होती

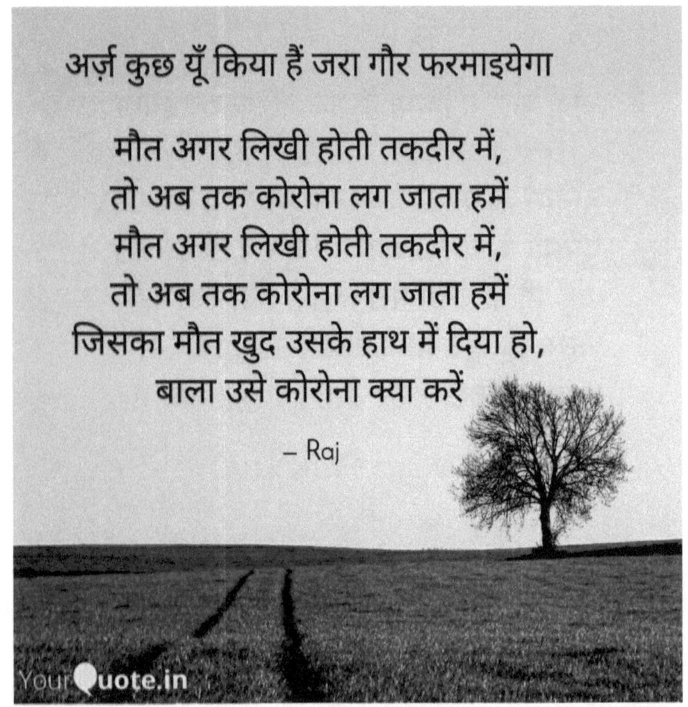

13. आरज़ू थी हमारी

अर्ज़ कुछ यूँ किया है ज़रा गौर फरमाइयेगा

आरज़ू थी हमारी उस मक़ाम पर पहुंचने की
पर हम पहुंच ना सके यह हमारी मजबूरी है
सिकस्त खाने की आदत तो नहीं पर जीत के लिए पीछे
हटना जरूरी हैं
हमारी मजबूरी को कमजोरी ना समझो दोस्तों
यह छुपी तो बड़ी तूफ़ान का आगाज़ हैं

- Raj

14. दर्द में डूबे इस दिल को

15. एक सचाई जो कभी

अर्ज़ कुछ यूँ किया है ज़रा गौर फरमाइयेगा

एक सचाई जो कभी किसी ने किसी से नहीं कही
एक सचाई जो कभी किसी ने किसी से नहीं कही
की नाचती है दुनिया बस नचाने वाला चाहिए

– Raj

16. इंतज़ार आज भी है

अर्ज़ कुछ यूँ किया है ज़रा गौर फरमाइयेगा

इंतज़ार आज भी है उस रौशनी की
इंतज़ार आज भी है उस रौशनी की
जिसे बादलों ने ढक दिया

— Raj

17. इंतज़ार है हमें

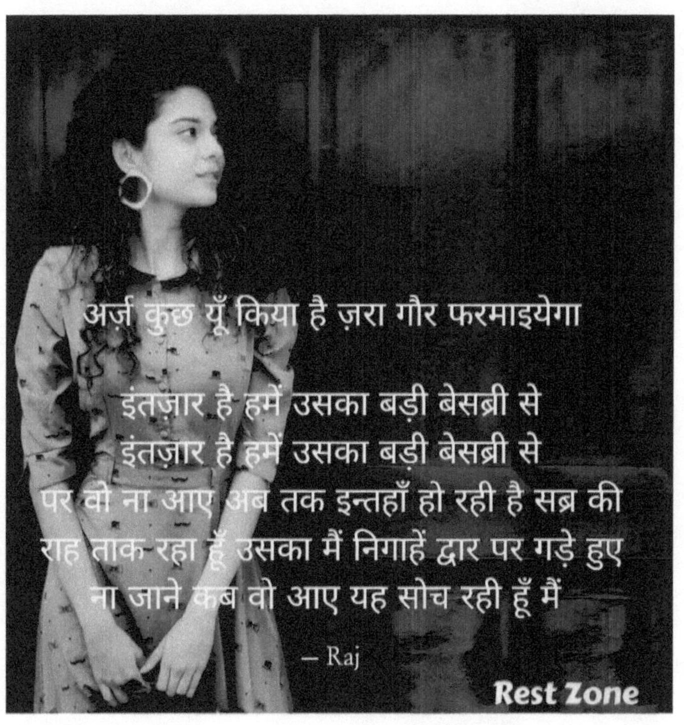

अर्ज़ कुछ यूँ किया है ज़रा गौर फरमाइयेगा

इंतज़ार है हमें उसका बड़ी बेसब्री से
इंतज़ार है हमें उसका बड़ी बेसब्री से
पर वो ना आए अब तक इन्तहाँ हो रही है सब्र की
राह तक रहा हूँ उसका मैं निगाहें द्वार पर गड़े हुए
ना जाने कब वो आए यह सोच रही हूँ मैं

— Raj

Rest Zone

18. धर्मनिरपेक्षता

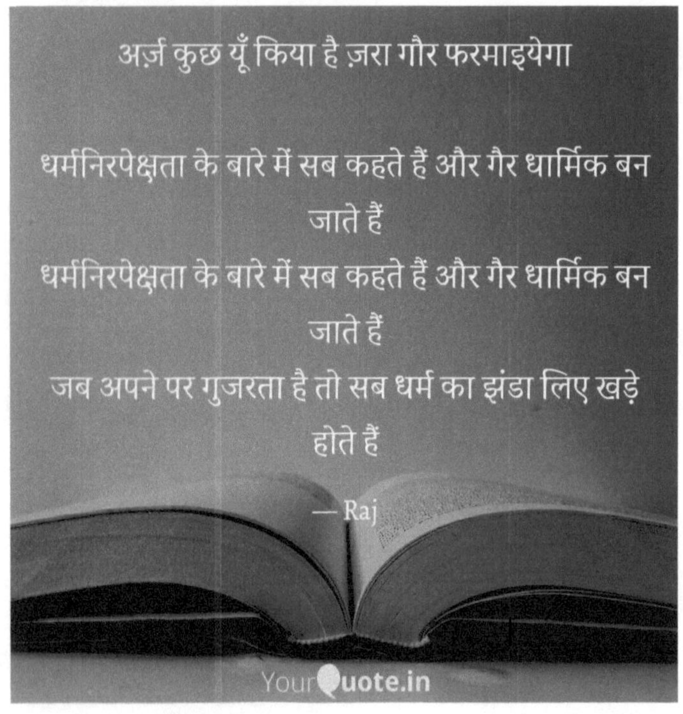

19. कोई शिकवा नहीं उससे

अर्ज़ कुछ यूँ किया है ज़रा गौर फरमाइयेगा

कोई शिकवा नही उससे जिस ने हमको समझा ही नही

कोई शिकवा नही उससे जिस ने हमको समझा ही नही

गलती उसकी नही हमारी मैन्युफैक्चरिंग डिफेक्ट हैं

जिसको उसके आपनों ने नही समझा तो दूसरों से शिकायत कैसा

और जो हमें समझा वो तो हमारा साथ छोड़ता ही नही हैं

अकेलापन में जो मज़ा है वो तो भीड़ में नही हैं

अब तो यूँ बना की भीड़ से डर लगता हैं हमें

एक दर्द सा उठता हैं दिल में जब देखता हूँ उंसे कही

अब तो आदत सी पड़ गयी हैं दर्द सहने की हमें

— Raj

YourQuote.in

20. मल्लिका-ए-हुस्न

अर्ज़ कुछ यूँ किया है ज़रा गौर फरमाइयेगा

मल्लिका-ए-हुस्न जिसकी दीदार हमने की हैं

मल्लिका-ए-हुस्न जिसकी दीदार हमने की हैं

बहुत दर्द में है वह जिसकी दीदार हमने की हैं

काश कोई उसकी दर्द मिटा सके

तमाम खुशीयाँ उसकी क़दमों में डाल सके

दुआ करता हूँ उस परवरदिगार से

इस हुस्न को मल्लिका की रक्षा करें

मल्लिका-ए-हुस्न = The Queen of Beauty

Beauty = of Mind, Soul, Appearance and behaviour

दर्द = pain induced by unwanted people using

supernatural powers

—Raj

YourQuote.in

21. पाक-नापाक का फैसला

अर्ज़ कुछ यूँ किया है ज़रा गौर फरमाइयेगा

पाक-नापाक का फैसला करने वाला यह धर्म गुरु कौन होता हैं
पाक-नापाक का फैसला करने वाला यह धर्म गुरु कौन होता है
यह तो इंसानों पर निर्भर करता है की वो पाक है या नापाक
नापाक मनसूबे पालकर जीने वाले पाक नही होते
और पाक मनसूबे पालकर जीने वाले नापाक नही होते

—Raj

YourQuote.in

22. शीशा सा दिल में पत्थर

अर्ज़ कुछ यूँ किया है ज़रा गौर फरमाइयेगा

शीशा सा दिल में पत्थर गड़े बैठे हैं हम

कही शीशा टूट ना जाए यह डर है हमें

दिल पर जो चोट खाये है तुम्हारे जाने से

शायद यह पत्थर काम आये तुम्हे भूल जाने में

तुम्हें याद नही करेंगे यह ठान ली हैं हम

पर क्या करूँ तुम्हें भूल नही पा रहे हैं हम

— Raj

23. तकदीर न जाने कौनसा

अर्ज़ कुछ यूँ किया है ज़रा गौर फरमाइयेगा

तकदीर ना जाने कौन सा खेल खेल रहे हैं
तकदीर ना जाने कौन सा खेल खेल रहे हैं
क्या पता यह नई सुरुवात है या फिर कुछ पुराना हिसाब हैं
जीवन में ठोकरें तो बहुत खायी है हम ने
जीवन मे ठोकरें तो बहुत खायी है हम ने
बस जी रहे हैं हम तकदीर के सहारे
ना जाने कहाँ हैं मेरी मंज़िल और ना जाने रास्ते
अनजान सफ़र हैं बस चलते जाना हैं

— Raj

24. तस्वीर तुम्हारी दिल में

25. जिसने माना नहीं

जिसने माना नहीं उसने जाना नहीं
और जो जाना हैं उसने माना हैं
बुजुर्गों का कहना हैं

जो जानते ही नहीं वो तो मानते ही नहीं
ज़माने का सीख उसने कभी चक्का नहीं
जब टोकरें खायेगी ही नहीं
तो सीख आएगी ही नहीं

बुजुर्गों का कहना हैं
जिसने माना नहीं उसने जाना नहीं

– Raj

YourQuote.in

26. खूबसूरती का मतलब

27. मर्यादा

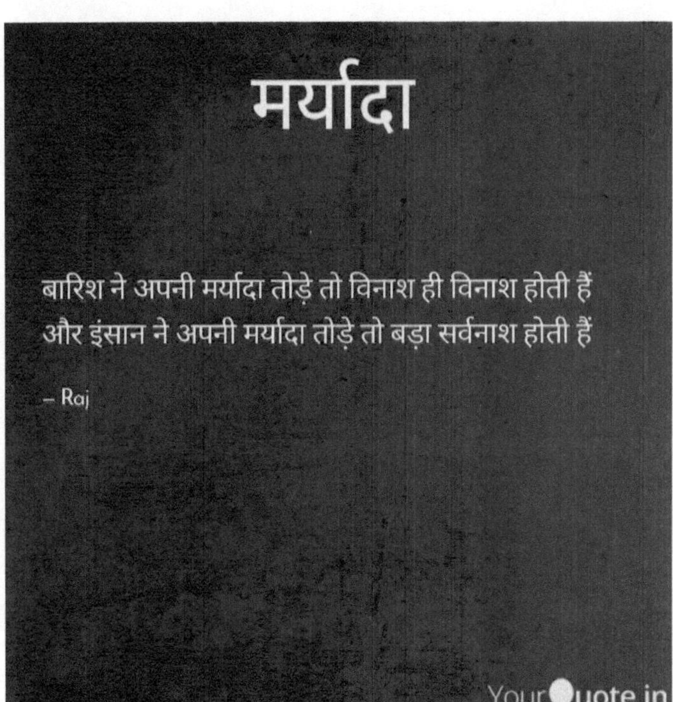

मर्यादा

बारिश ने अपनी मर्यादा तोड़े तो विनाश ही विनाश होती हैं
और इंसान ने अपनी मर्यादा तोड़े तो बड़ा सर्वनाश होती हैं

– Raj

YourQuote.in

28. उसका रूठना

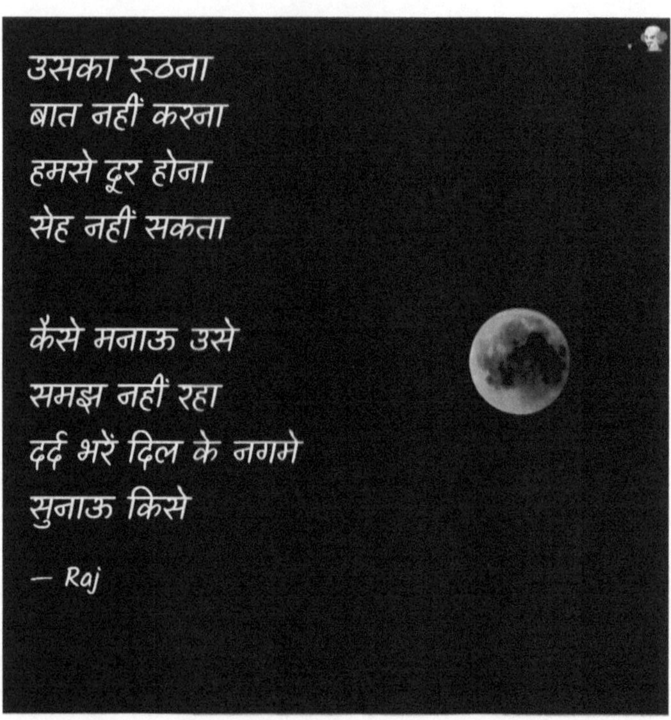

उसका रूठना
बात नहीं करना
हमसे दूर होना
सेह नहीं सकता

कैसे मनाऊ उसे
समझ नहीं रहा
दर्द भरें दिल के नगमे
सुनाऊ किसे

— Raj

29. छोटी सी मुस्कुराहट

30. बेरंग सी इस दुनिया में

बेरंग सी इस दुनिया में हम इंतज़ार कर रहे है
की तुम आओगी जरूर हमारे पास
अपनी ग़लतफमीन सुधारकर
तुम्हारे बगैर यह दुनिया हमें बेरंग सा लगता है
अब आ भी जाओ और दुनिया रंगीन बना दो हमारे
राह ताख रहा हूँ मैं, अब तुम कब आओगी
इंतज़ार है तुम्हारा, अभी पूरा जान बाकि हैं

— Raj

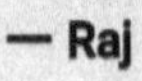

31. घुमने निकले हैं हम

घूमने निकले हैं हम
इस धरती पर दिलों जान से
धरती का हर एक कोना
घूमना हैं अब बड़े अस्मान से

डगर-डगर, गली-गली,
चौबारे, मंज़िल-मंज़िल,
गाँव-गाँव, देश-विदेश,
अब हमें घूमना हैं बड़े शान से

— Raj

32. धुँआ ही धुँआ

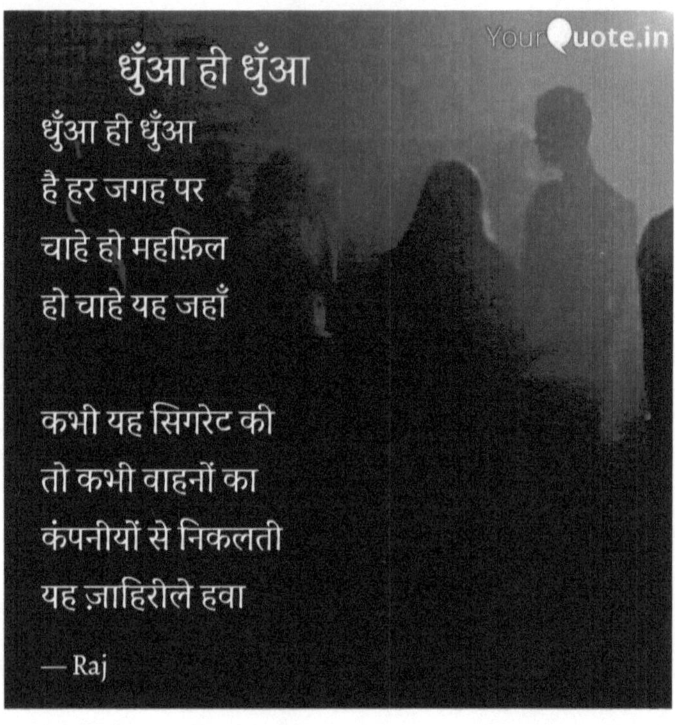

धुँआ ही धुँआ
धुँआ ही धुँआ
है हर जगह पर
चाहे हो महफ़िल
हो चाहे यह जहाँ

कभी यह सिगरेट की
तो कभी वाहनों का
कंपनीयों से निकलती
यह ज़ाहिरीले हवा

— Raj

33. दो पल हमारे लिए

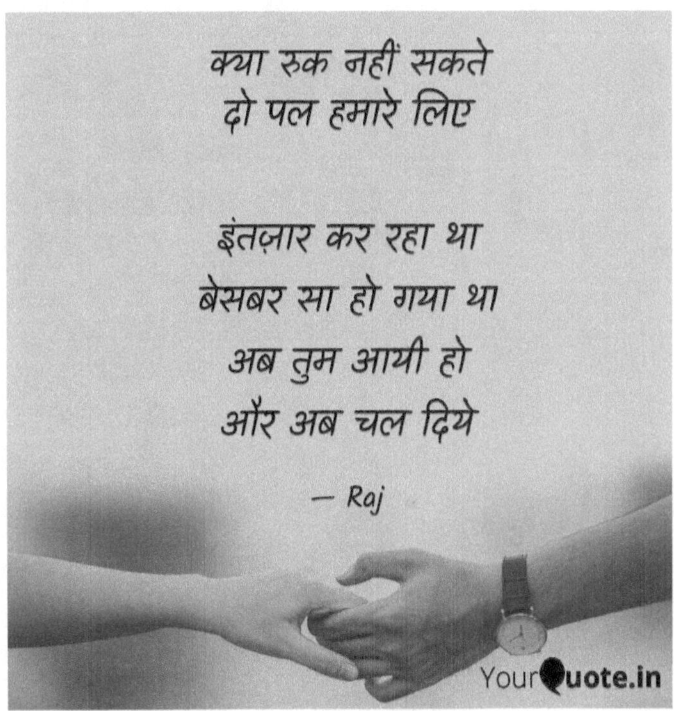

क्या रुक नहीं सकते
दो पल हमारे लिए

इंतज़ार कर रहा था
बेसबर सा हो गया था
अब तुम आयी हो
और अब चल दिये

— Raj

34. दुखों से कैसे उबरें?

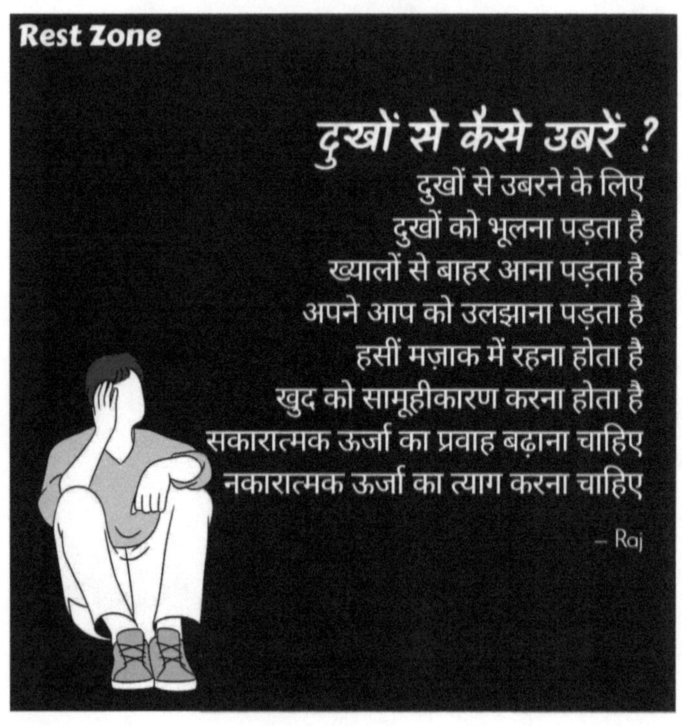

Rest Zone
दुखों से कैसे उबरें ?
दुखों से उबरने के लिए
दुखों को भूलना पड़ता है
ख्यालों से बाहर आना पड़ता है
अपने आप को उलझाना पड़ता है
हसीं मज़ाक में रहना होता है
खुद को सामूहीकारण करना होता है
सकारात्मक ऊर्जा का प्रवाह बढ़ाना चाहिए
नकारात्मक ऊर्जा का त्याग करना चाहिए
– Raj

35. राग आलापना

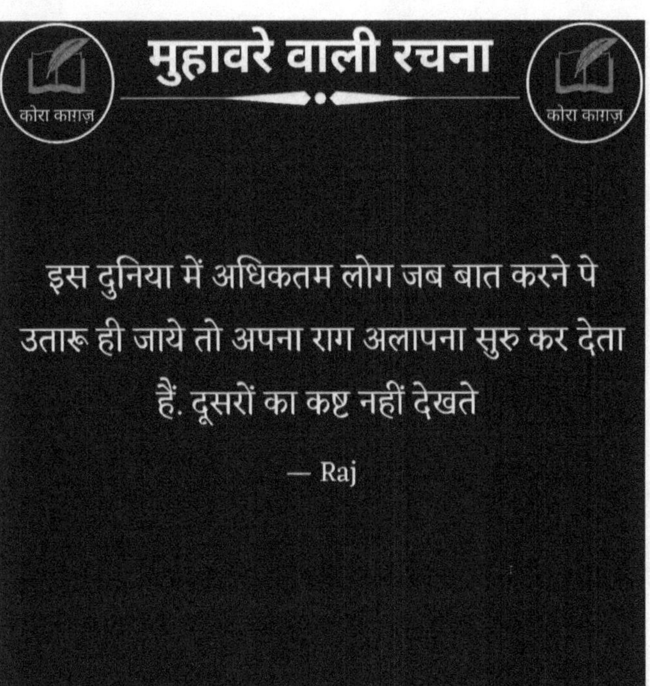

मुहावरे वाली रचना
कोरा काग़ज़
कोरा काग़ज़
इस दुनिया में अधिकतम लोग जब बात करने पे
उतारू ही जाये तो अपना राग अलापना सुरु कर देता
हैं. दूसरों का कष्ट नहीं देखते
— Raj

36. वक़्त की चाल है अजब

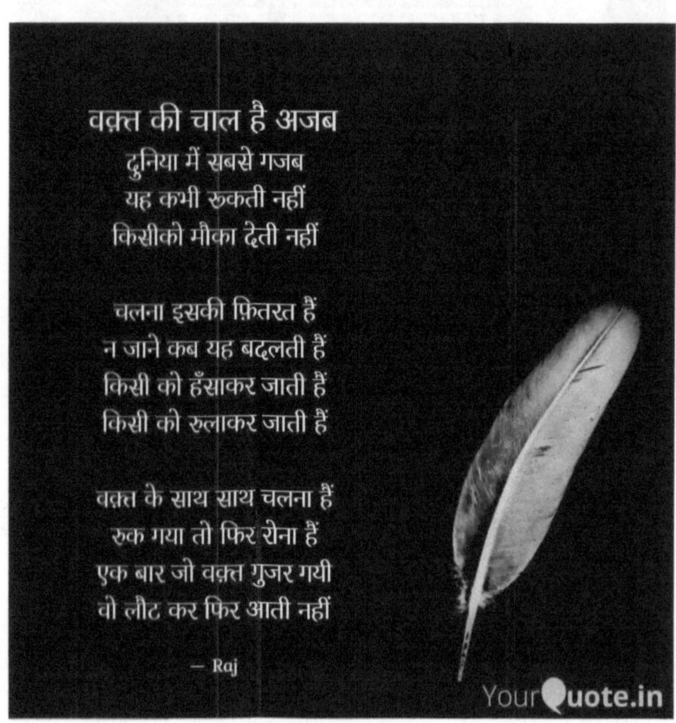

37. वो दूर-दूर से

वो दूर-दूर से
ही देख रही थी
निगाहेँ हम पर ही
टिकी रही उसकी

जब पास आऐ
तो बात हो जाये
पर वो नहीं आऐ
बस ताकती रही

YourQuote.in
— Raj

38. मनचाहा पाने के लिए

मनचाहा पाने के लिए
हिम्मत और मेहनत दोनों चाहिए
हिम्मत ना हो तो मेहनत नहीं होता
मेहनत ना हो तो हिम्मत नहीं होता
दोनों ना हो तो कुछ भी नहीं होता
दोनों साथ हो तो सब कुछ है होता

— Raj

39. तुम तो यूँही ख़फ़ा

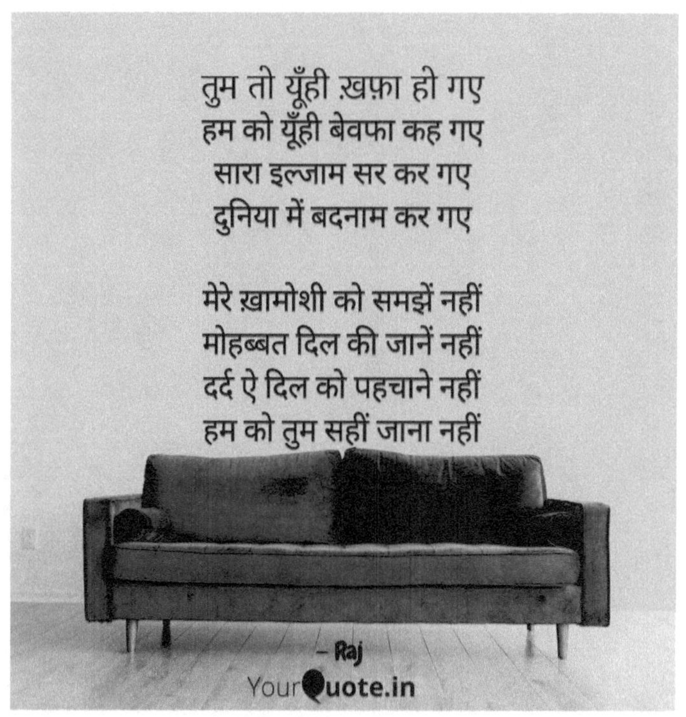

तुम तो यूँही ख़फ़ा हो गए
हम को यूँही बेवफा कह गए
सारा इल्जाम सर कर गए
दुनिया में बदनाम कर गए

मेरे ख़ामोशी को समझें नहीं
मोहब्बत दिल की जानें नहीं
दर्द ऐ दिल को पहचाने नहीं
हम को तुम सहीं जाना नहीं

– Raj
YourQuote.in

40. तुम्हें चाहिए था

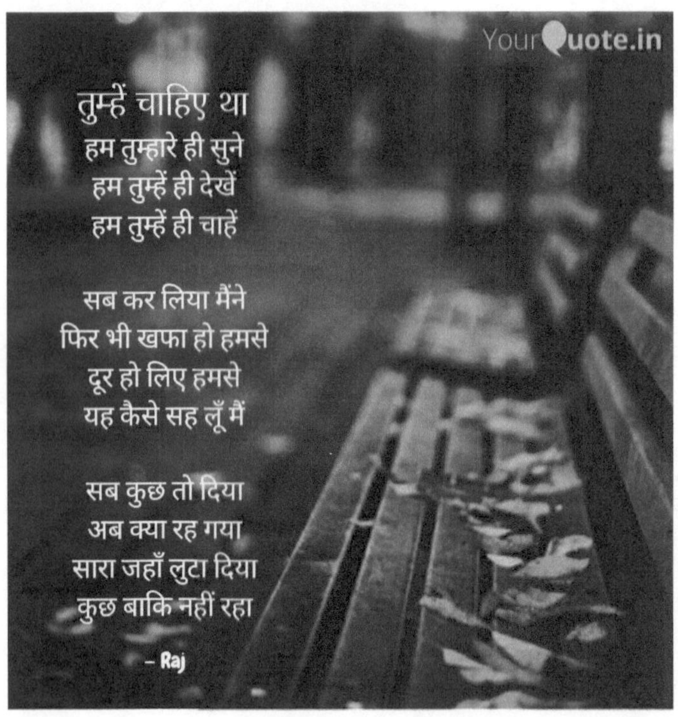

तुम्हें चाहिए था
हम तुम्हारे ही सुने
हम तुम्हें ही देखें
हम तुम्हें ही चाहें

सब कर लिया मैंने
फिर भी खफा हो हमसे
दूर हो लिए हमसे
यह कैसे सह लूँ मैं

सब कुछ तो दिया
अब क्या रह गया
सारा जहाँ लुटा दिया
कुछ बाकि नहीं रहा

- Raj

41. कभी ये मत भूलना

कभी यह मत भूलना
हम तुम्हारे थे कभी
अब तुम दूर हो हमसे
फिर भी हम तुम्हारे हैं अभी

ना जाने क्या हुआ था
दूरियां बढ़ गयी हमारे दरमियाँ
रूठ कर बैठी हो हमसे
कभी थे हम हमसफ़र

— Raj

42. बात बन ही जाएगी

बात बन ही जाएगी
इक ज़रा सी कोशिश से
बातों और मुलाकातों से
तुम ने मौका नहीं दिया

रुट कर बैठी हो ऐसे
मनाने भी नहीं दिया
काश बात हो जाती
तुम्हें हम मना पाते

बात बन ही जाएगी
इक ज़रा सी कोशिश से
बातों और मुलाकातों से
तुम ने मौका नहीं दिया

— Raj

43. वक़्त बदल गया

वक़्त बदल गया है पर
इंसान नहीं बदले यहाँ
दुनिया बदल गया है पर
लोग नहीं बदले यहाँ
दिन बदल गया है पर
रीत नहीं बदले यहाँ
मौसम बदल गया है पर
हवा नहीं बदले यहाँ
— Raj

44. ख्वाहिशें अधूरी क्यों रह जाती है?

45. इज़्ज़त

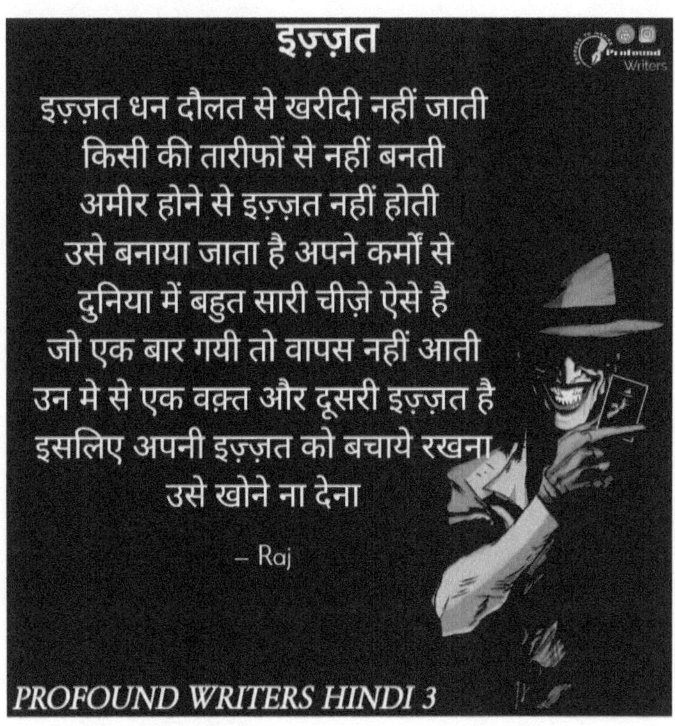

इज़्ज़त
इज़्ज़त धन दौलत से खरीदी नहीं जाती
किसी की तारीफों से नहीं बनती
अमीर होने से इज़्ज़त नहीं होती
उसे बनाया जाता है अपने कर्मों से
दुनिया में बहुत सारी चीज़े ऐसे है
जो एक बार गयी तो वापस नहीं आती
उन मे से एक वक़्त और दूसरी इज़्ज़त है
इसलिए अपनी इज़्ज़त को बचाये रखना
उसे खोने ना देना

– Raj

PROFOUND WRITERS HINDI 3

46. जाने क्या हो जाता है

जाने क्या हो जाता है
होंठों पर बात नहीं आती

जब तुम सामने आते हो
जुबान पर बात नहीं आती

बोलना तो चाहते हैं हम
पर क्या करें बोल नहीं पाती

तुमसे प्यार करते है हम
पर यह बात बोल नहीं पाती

— Raj
YourQuote.in

47. जीना आसान हुआ जाता है

जीना आसान हुआ जाता है
कोई मेहमान हुआ जाता है
जब तुम साथ हो मेरे
हर मुश्किल आसान हुआ जाता है
साथ तेरी पाने को मैं
हर तकलीफ सह जाता है
जीना आसान हुआ जाता है
कोई मेहमान हुआ जाता है

– Raj

48. एक अपनापन है

एक अपनापन है
जब तुम पास हो मेरे
एक एहसास है
की तुम साथ हो मेरे

चारो तरफ़ ख़ुशी है
जैसे कोई त्यौहार हो
दिल में ढोलक बजती है
जब तुम आहे भरती हो

— Raj

49. कुछ रिश्ते अंजान से

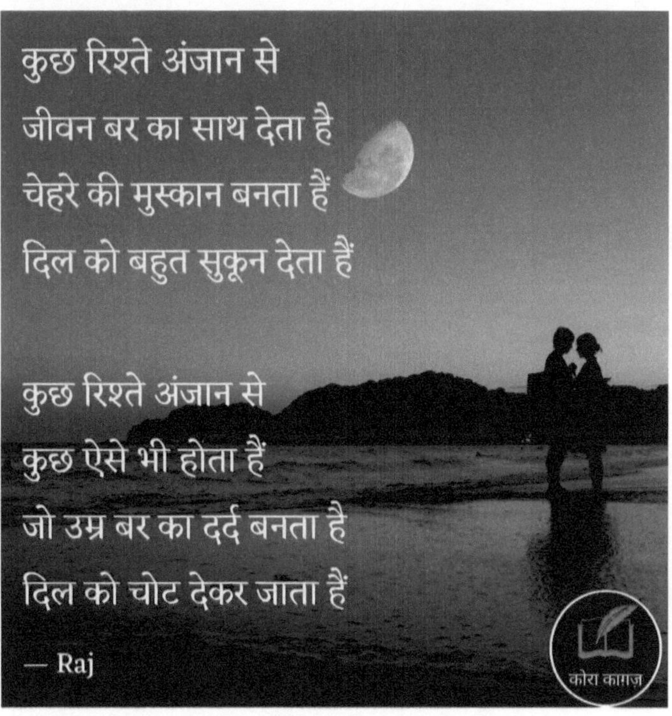

50. जीवन में इंसान

जीवन में इंसान बहुत कुछ पाना चाहतें हैं।

लेकिन इस छोटी सी जीवन काल में वो कुछ नही पाते।

क्यों की?

यह माया लोक हैं और जो कुछ भी यहाँ पाता हैं,

वो सब माया हैं।

खाली हाथ आये थे, खाली हाथ ही जायेंगे

और कफ़न में जेबें नही होती।

— Raj

51. कहाँ मिलेगा वो सुकून

कहाँ मिलेगा वो सुकून जिसे ढूंढा डगर डगर

बिच चौबारे में ढूंढा, ढूंढा हर गली-गली

गाँव-गाँव ढूंढा उसे, ढूंढा देश-विदेश

कहीं नज़र ना आये, सब जगह तो ढूंढ ली है

अब ढूँढू कहा उसे, यह समझ में न आये

कहाँ मिलेगा वो सुकून जिसे ढूंढा डगर डगर

— Raj

52. ज़िन्दगी की कला

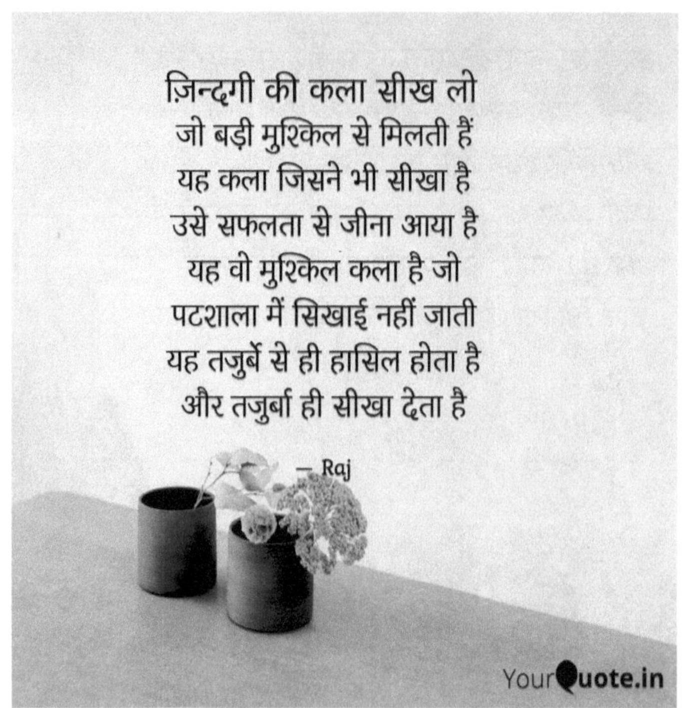

ज़िन्दगी की कला सीख लो
जो बड़ी मुश्किल से मिलती हैं
यह कला जिसने भी सीखा है
उसे सफलता से जीना आया है
यह वो मुश्किल कला है जो
पटशाला में सिखाई नहीं जाती
यह तजुर्बे से ही हासिल होता है
और तजुर्बा ही सीखा देता है
— Raj
Your Quote.in

53. दुनिया का दस्तूर है

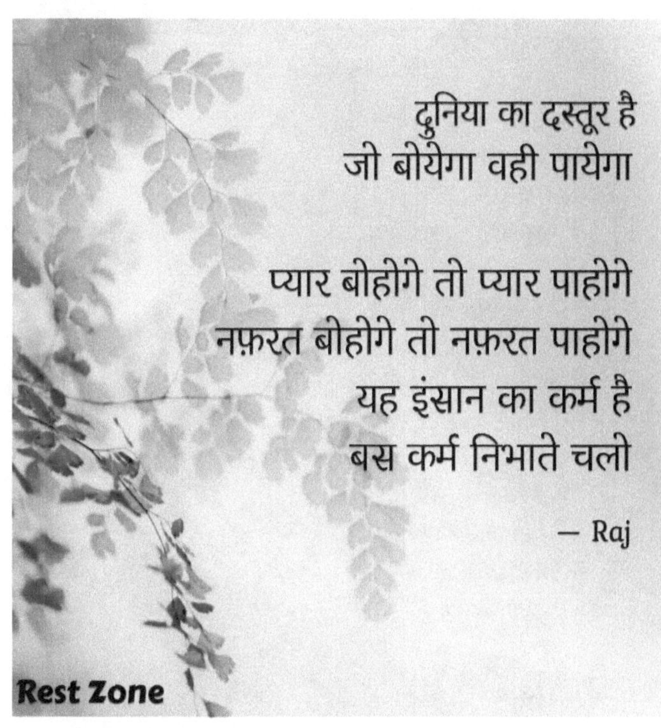

54. जो है वो कम नहीं

जो है वो कम नहीं
जो है वो ज़्यादा भी नहीं
बस प्रयत्न ज़्यादा करें
तो नामुमकिन भी नहीं

प्रयत्न करते रहे
की कोई कमी ना आये
आये भी तो ज़्यादा ही आये
मुमकिन है जब इरादा हो जाये

जो है वो काम नहीं
जो है वो ज़्यादा भी नहीं
बस प्रयत्न ज़्यादा करें
तो नामुमकिन भी नहीं

— Raj
YourQuote.in

55. एक वो चाँद है

प्रतियोगिता-¥141
एक वो चाँद है जो कभी बद्दलों में छुप जाता है
तो कभी बद्दलों से बाहर आता हैं, रौशनी फैलता हैं
एक यह चाँद है जो बद्दलों में ही छुपा रहता है
और हमें परेशान करता रहता हैं, बाहर ही नहीं आते

— Raj

56. जो बोयेगा वही पायेगा

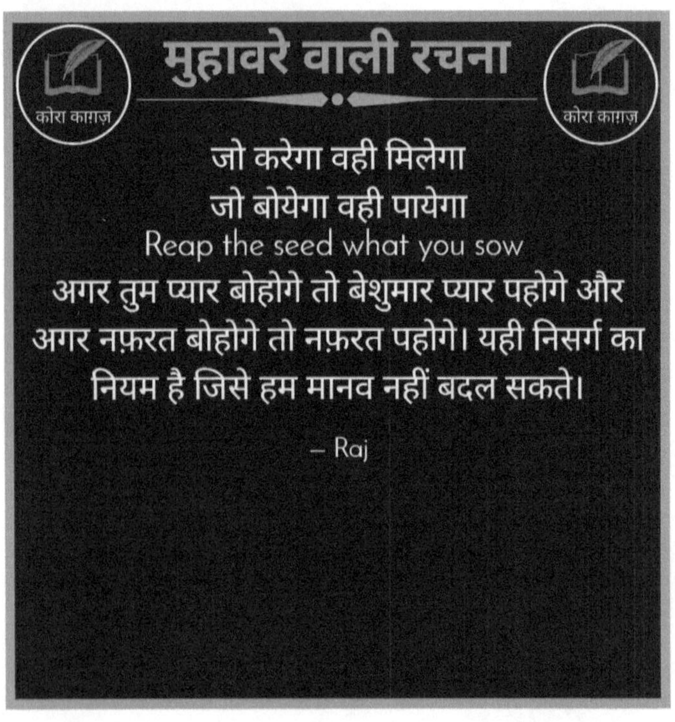

57. ज़िन्दगी तुझमें कशिश

ज़िन्दगी तुझमें कशिश तो है
जो मुझे तेरी तरफ़ खींचती है

तुममें कशिश ना होता तो क्या होता
हर तरफ़ मातम ही मातम होता
कोई ख़ुशी से ना जी पाता
और कहीं जिंदगी नज़र नहीं आता

ज़िन्दगी तुझमें कशिश तो है
जो मुझे तेरी तरफ़ खींचती है

— Raj

58. कार्य वही करो जिसे

कार्य वही करो जिसे करने से इस युग का भला हो।
किसी को चोट पौचाना और किसी का दिल तोडना यह
अच्छी बात नहीं।
दूसरों के भले में ही खुद की भला होता हैं।
दूसरों को हानि पौचाओगे तो खुद को भी उस आग से
गुजरना पड़ता हैं

\- Raj

59. तेरे पास ही थे हम

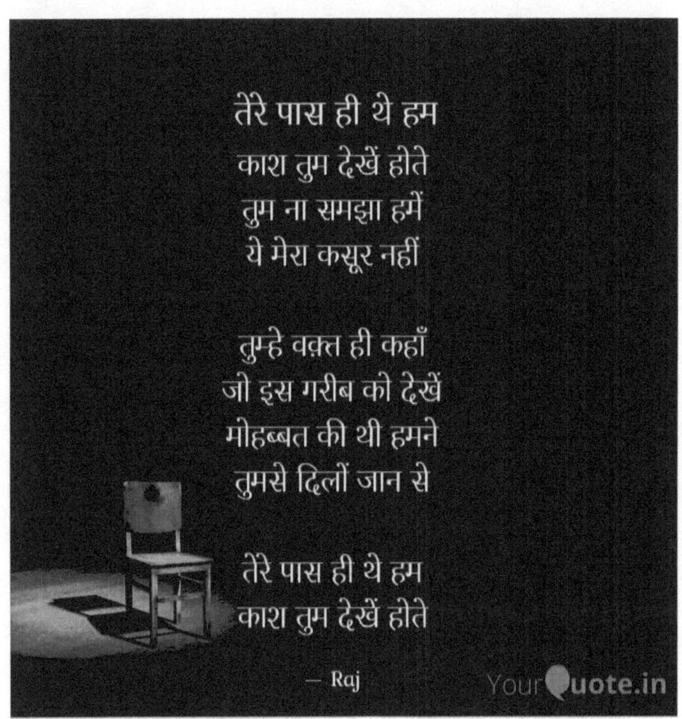

तेरे पास ही थे हम
काश तुम देखें होते
तुम ना समझा हमें
ये मेरा कसूर नहीं

तुम्हे वक़्त ही कहाँ
जो इस गरीब को देखें
मोहब्बत की थी हमने
तुमसे दिलों जान से

तेरे पास ही थे हम
काश तुम देखें होते
— Raj

60. इश्क़ के पिंजरे में

इश्क़ के पिंजरे में
कैद हो गया हूँ मैं
तेरी ही चाहत में
खुद को भूल गया हूँ मैं

रुट कर जाना नहीं
सह नहीं पाउँगा मैं
छोड़ कर जाना नहीं
कही मर ना जाऊ मैं

इश्क़ के पिंजरे में
कैद हो गया हूँ मैं
तेरी ही चाहत में
खुद को भूल गया हूँ मैं

— Raj

61. अपने लिए एक सलहा

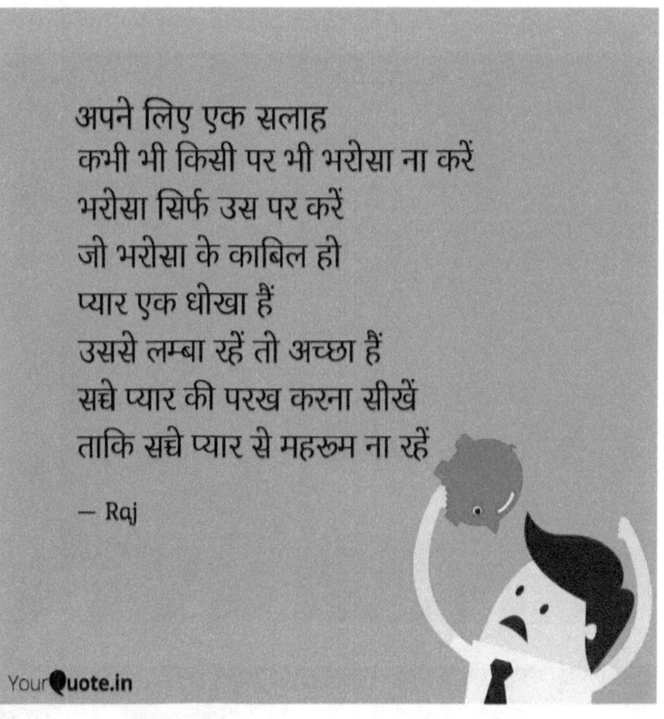

62. ज़िन्दगी की सरगम पर

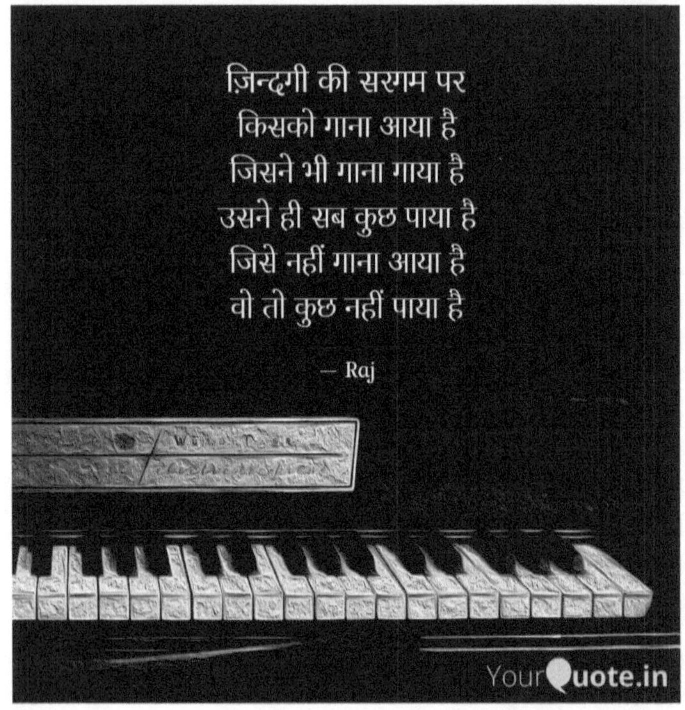

63. किताबें भी ऐसा पढ़ना

64. दिल अगर बदल सकते

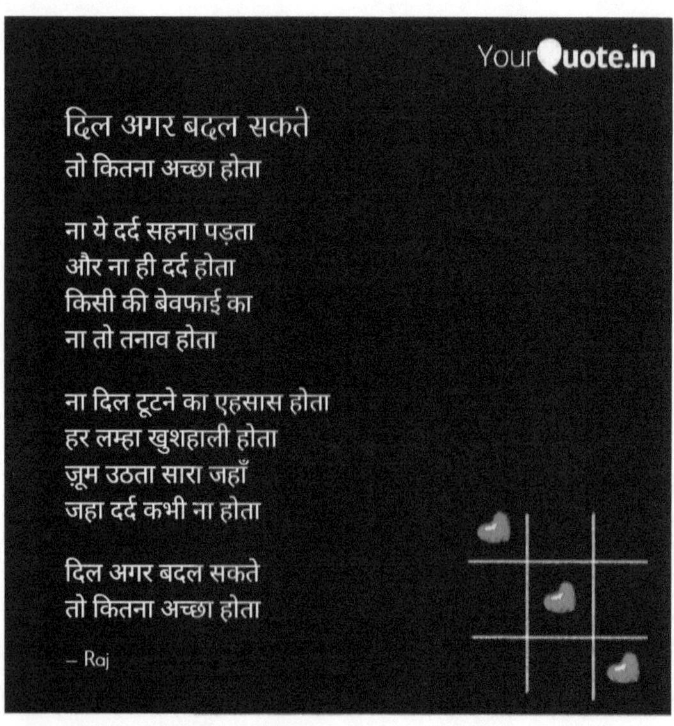

65. कलम और कागज़

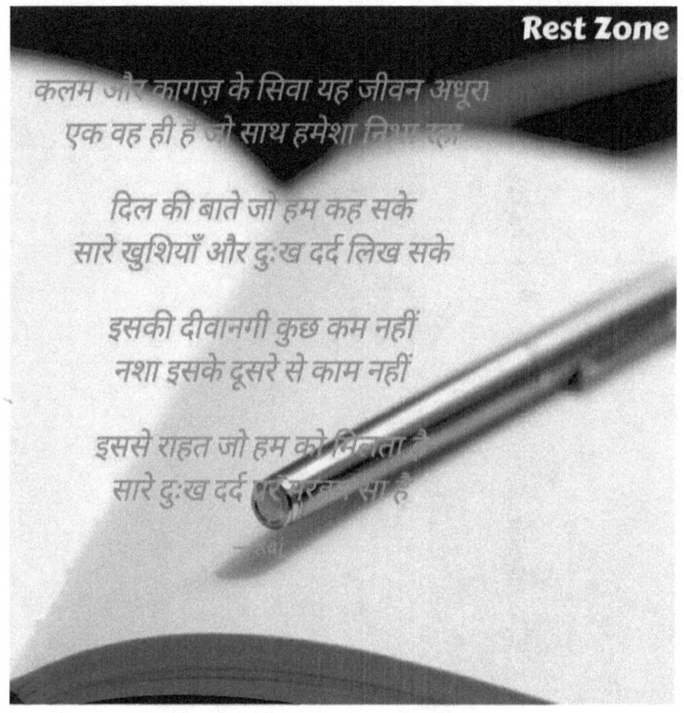

Rest Zone
कलम और कागज़ के सिवा यह जीवन अधूरा
एक वह ही है जो साथ हमेशा निभा रहा

दिल की बातें जो हम कह सके
सारे खुशियाँ और दुःख दर्द लिख सके

इसकी दीवानगी कुछ कम नहीं
नशा इसके दूसरे से काम नहीं

इससे राहत जो हम को मिलता है
सारे दुःख दर्द हर

66. जीवन का उद्देश्य

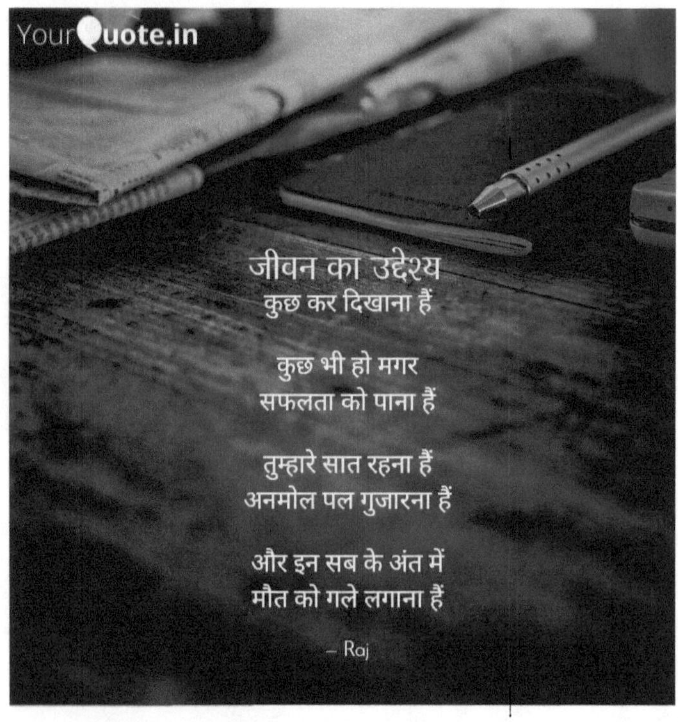

67. एक ख़लिश जाती नहीं

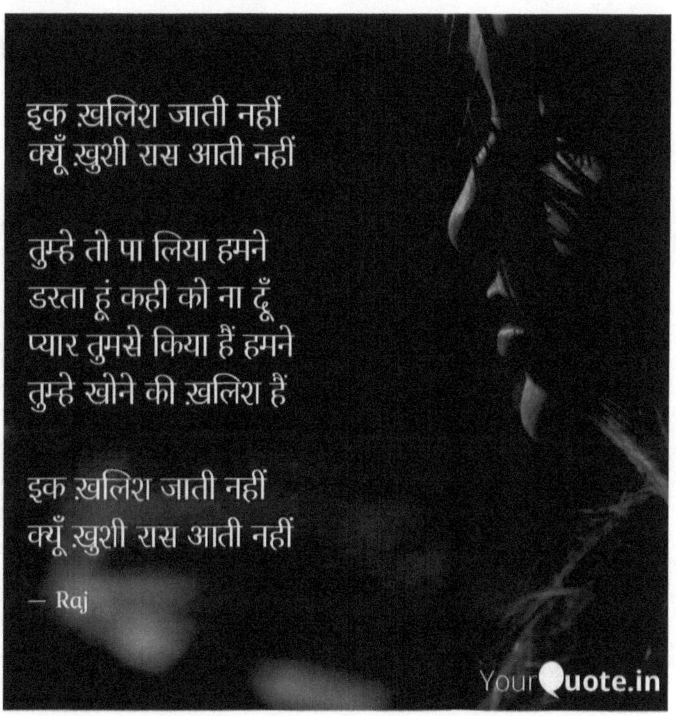

68. साल बदल जाएगा

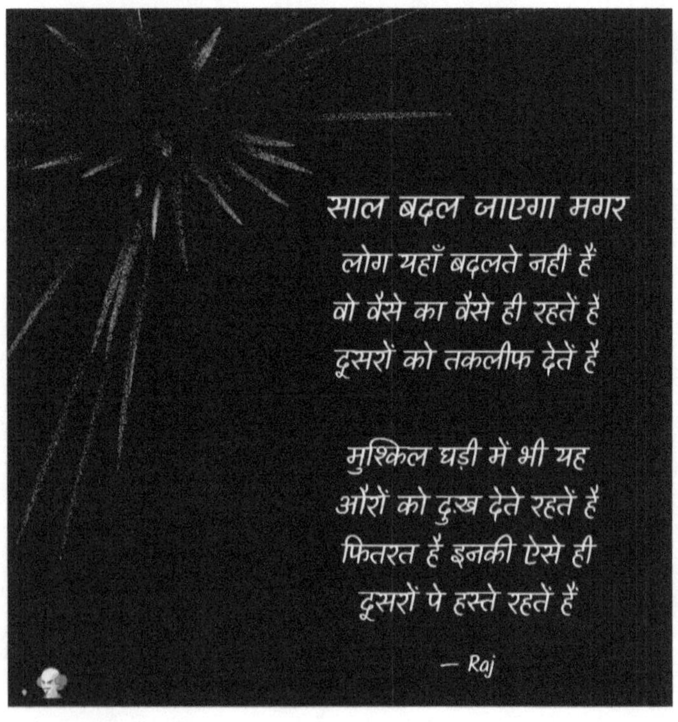

साल बदल जाएगा मगर
लोग यहाँ बदलते नहीं हैं
वो वैसे का वैसे ही रहतें है
दूसरों को तकलीफ देतें है

मुश्किल घड़ी में भी यह
औरों को दुःख देते रहतें है
फितरत है इनकी ऐसे ही
दूसरों पे हस्ते रहतें हैं

— Raj

69. एक हाथ से ताली

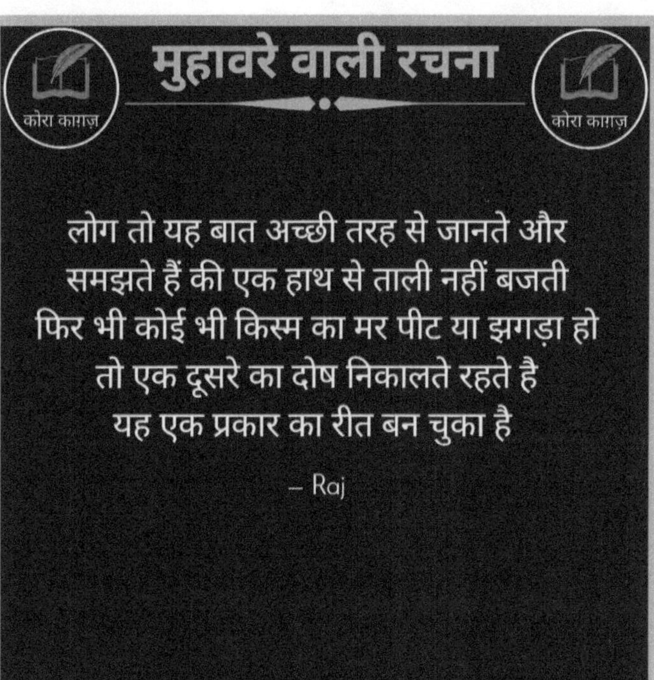

मुहावरे वाली रचना
कोरा काग़ज़
कोरा काग़ज़
लोग तो यह बात अच्छी तरह से जानते और
समझते हैं की एक हाथ से ताली नहीं बजती
फिर भी कोई भी किस्म का मर पीट या झगड़ा हो
तो एक दूसरे का दोष निकालते रहते है
यह एक प्रकार का रीत बन चुका है
– Raj

70. भूल चुका हूँ

भूल चुका हूँ
मैं अपने आपको
तुम्हारे प्यार में
कुछ इस तरह से

ना होश रहा
ना दिल में चैन
बस यूँ ही प्यार करें
कभी जुदा ना हो

— Raj

71. यही सही समय है

यही सही समय है
मोहब्बत के इज़हार की
उससे बातें करने की
अपनी चाहत कहने की

चार पल साथ गुज़ारने की
प्यार पूर्ण वक़्त बिताने की
हर खुशी को पाने की
मोहब्बत का मिठास पाने की

— Raj

72. मोहब्बत किया था हमने

मोहब्बत किया था हम ने दिल से मगर
पता न था छुपे फरेब की
सच्चा प्यार अगर कर नहीं पाहो
तो प्यार का इज़हार भी ना करना

निभाना तो चाहते थे हम मगर
तुम ने हमें समझा ही नहीं
जो भी समझा गलत समझा
अब ग़लतफमीन कैसे दूर करें

दर्द-ऐ-दिल लिए रहता हूँ
दिल की हाल तुम्हे क्या बताये
काश तुम पे भी यह गुजरे होते
दिल का दर्द समझें होते

अब ना करना है मोहब्बत हमको
यह दुनिया बड़ा ख़राब हैं
दिल के दर्द को समझने वाले
कोई नहीं है इस दुनिया में

— Raj

73. मुबारक हो सबको

मुबारक हो

मुबारक हो सबको यह नया साल

दुआ है किसी का ना हो बुरा हाल

सबकी चेहरे पर मुस्कान रहे हर पल

भूल जाए सब लोग बितें हुए पल

खुशियाँ ही खुशियाँ हो हर जहाँ

दुःख ना हो दुनिया में कोई यहाँ

— Raj

74. अपनी तलाश है

अपनी तलाश है
मुझे हमेशा से
ना जाने कहा
खो गया हूँ मैं
इतने सालों से
ढूंढ-ढूंढ कर
परेशान हूँ मैं
पर यह बात तय है
एक दिन पा लूंगा मैं

— Raj

YourQuote.in

75. मेरी कलम कहती है

मेरी कलम कहती है
मुझसे शायरी लिखते जाओ
कविताएं लिखते जाओ
कहानियाँ लिखते जाओ
सुख दर्द लिखते जाओ
जो भी हो जैसा भी हो
बस लिखते ही चले जाओ

— Raj

Rest Zone

76. ना हम चिरंजीव है

ना हम चिरंजीव हैं ना तुम चिरंजीव हो

सब जानते है की यह मृत्यु लोक हैं

जहाँ कोई चिरंजीव बना नही रहता

फिर भी जीने का आस लगाए रहता है

न जाने कब वो मेहमान बनकर आए

और उसके साथ हमें लेकर जाए

उस दुनिया में यह कोई नही जनता

फिर भी लोग लालची बने रहता है

यह उनका दोष नही, यह समझदारी है

समझने वाले समझते है और जो ना समझे.......

— Raj

77. नई आदतें हम बनातें

नई आदतें हम बनतें नही

पुरानी हम छोड़ते नही

बदलते हैं लोग यहाँ पे पर हम बदलते नही

जो संपर्क में हैं सौ हैं और जो नही हैं सौ नही हैं

शिकायतें तो बहुत आते रहते हैं

कुछ हम सुनते हैं कुछ करते हैं उनसुनी

बदलना तो हम चाहते हैं

पर क्या करें आदत से हम मजबूर हैं

— Raj

78. कला और कलाकारों से

कला और कलाकारों से
हमारा नाता आज का नही
यह नाता बरसों पुराने है
यह दौर तो बस चलता रहे

शुरुआत लड़कपन में हुआ
ख़त्म आखिरी सांस में होगा
बहुरुपिया हूँ वेश बदलना है
खेल में हो या जीवन में

चाहे ग़म हो या ख़ुशी
सदा मुस्कुराना है
लोगों का हर वक़्त दिल
सदा बेहलाना है

—Raj

79. समय पर्याप्त है

80. प्यार ना सही

प्यार ना सही
प्यार के बोल तो हों

दो चार मुलाक़ात ना सही
एक मुलाक़ात तो हों

फ़ोन पे कॉल ना सही
कम से कम व्हाट्सप्प तो हों

चिट्ठी ना सही
ई-मेल तो हों

— Raj

YourQuote.in

81. एक आदत नहीं बदलती

एक आदत नहीं बदलती
प्यार करना और करते रहना
यह आदत नहीं बदलती

धोका खाये है कितने बार
फिर भी यह आदत नहीं बदलती
समझाता हूँ अपने दिल को मैं
फिर भी यह आदत नहीं बदलती

एक आदत नहीं बदलती
प्यार करना और करते रहना
यह आदत नहीं बदलती

— Raj

82. साहसी बन, हो निडर

83. तुम्हारी ख़ुशबू से

तुम्हारी ख़ुशबू से भर गए हैं
सारा महफ़िल यहाँ पर
तुम्हारी रौनक से भर गए हैं
सारा मेहफ़िल यहाँ पर

यूँ ही साथ रहो तुम हर पल
खुश हो जाये यह दिल हर पल
एक तेरा साथ से ही मेरा दिल
गा रहे हैं प्रेम की अनमोल संगीत

तुम्हारी ख़ुशबू से भर गए हैं
सारा महफ़िल यहाँ पर
तुम्हारी रौनक से भर गए हैं
सारा मेहफ़िल यहाँ पर

- Raj

84. संघर्ष कर

संघर्ष कर
संघर्ष के बिना
कुछ नहीं दुनिया में
मेहनत कर
मेहनत के बिना
कुछ पा नहीं सकते
डरो नहीं
आगे बढ़ता चला चल
मंज़िल पर लक्ष्य रख
संघर्ष कर

— Raj

85. क्या सारे सपनें

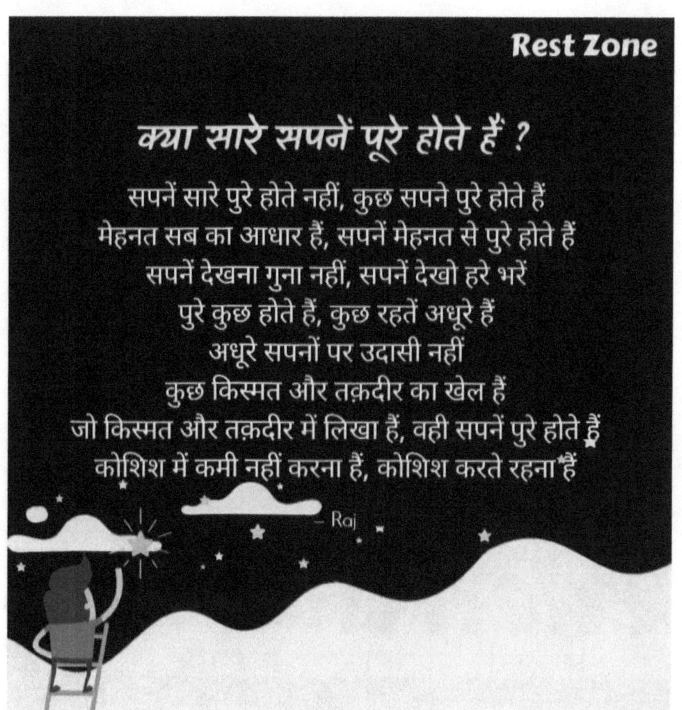

Rest Zone
क्या सारे सपनें पूरे होते हैं ?
सपनें सारे पुरे होते नहीं, कुछ सपने पुरे होते हैं
मेहनत सब का आधार हैं, सपनें मेहनत से पुरे होते हैं
सपनें देखना गुना नहीं, सपनें देखो हरे भरें
पुरे कुछ होते हैं, कुछ रहतें अधूरे हैं
अधूरे सपनों पर उदासी नहीं
कुछ किस्मत और तक़दीर का खेल हैं
जो किस्मत और तक़दीर में लिखा हैं, वही सपनें पुरे होते हैं
कोशिश में कमी नहीं करना हैं, कोशिश करते रहना हैं
– Raj

86. तुम्हारी बातों की गर्माहट

87. सर पर ताज़ हाथ में डंडा

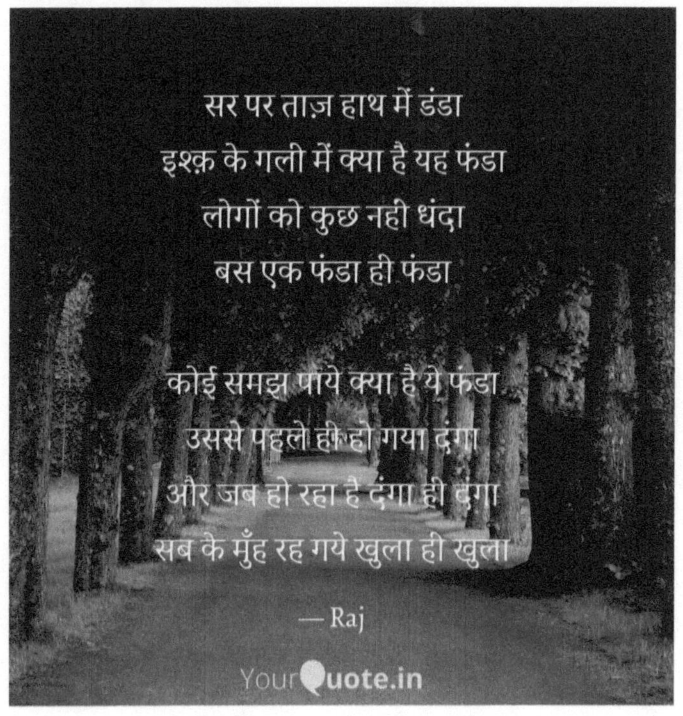

88. जिस तरह एक मछली

जिस तरह एक मछली पुरे तालाब को गंधा कर देता है उसी तरह एक या अनेक व्याकती के बुरे काम पुरे कौम को गंधा कर देता है। इंसान हो तो इंसानों की तरह रहो। प्यार मोहब्बत से रहो। क्यों की मजहब नहीं सिखाता आपस में बैर रखना हिंदी हैं हम वतन के और हिंदुस्तान हमारा

जय हिन्द

— Raj

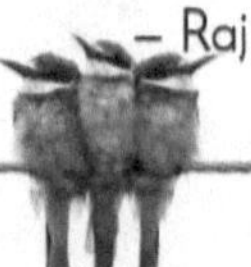

YourQuote.in

89. मेरी हर कविता

मेरी हर कविता
तुम्हारे ही नाम
दिल से निकला
लफ़्ज़ों का पैगाम

यह यूँ ही नहीं बनती
बनती है यह प्यार में
गर दर्द है नसीब में
बन जाती है दर्द में

— Raj

90. सजा लिया है आँखों में

सजा लिया है आँखों में
तुम्हारे उस तस्वीर को मैंने
अब सिर्फ यादों में बसायें है
तुम्हारे हर लम्हों को मैंने

रूठ कर बैठी हो हमसे
सदियों गुजर गये हैं
अब राह भी कब तक देखूँ
लौट आने की उम्मीद नहीं है

— Raj

91. बहुत सताता है

बहुत सताता है
तुम्हारी यादें

वो चांदनी रात
वो तुम्हारा साथ
वो हर पल के लम्हे
वो प्यार भरी बातें

— Raj
Rest Zone

92. भूल चुका हूँ

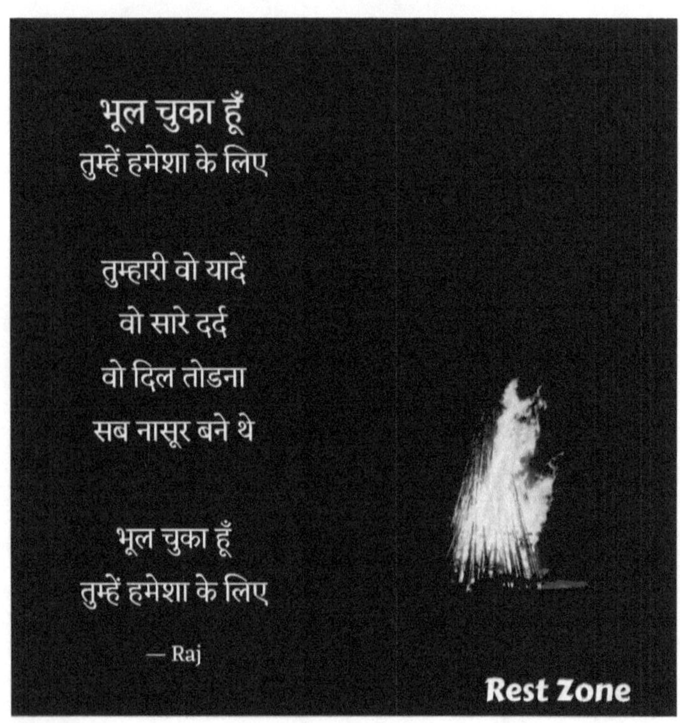

भूल चुका हूँ
तुम्हें हमेशा के लिए

तुम्हारी वो यादें
वो सारे दर्द
वो दिल तोडना
सब नासूर बने थे

भूल चुका हूँ
तुम्हें हमेशा के लिए

— Raj

Rest Zone

93. चलो ऐसा कर लें

चलो ऐसा कर लें
तुमसे प्यार कर लें

तुम पास रहना हमारे
तुमसे बातें कर लें
हम साथ रहे तुम्हारे
आँखें चार कर लें

चलो ऐसा कर लें
तुमसे प्यार कर लें

— Raj

YourQuote.in

94. शायद मेरी किस्मत

95. रंग बिरंगे सपने मेरे

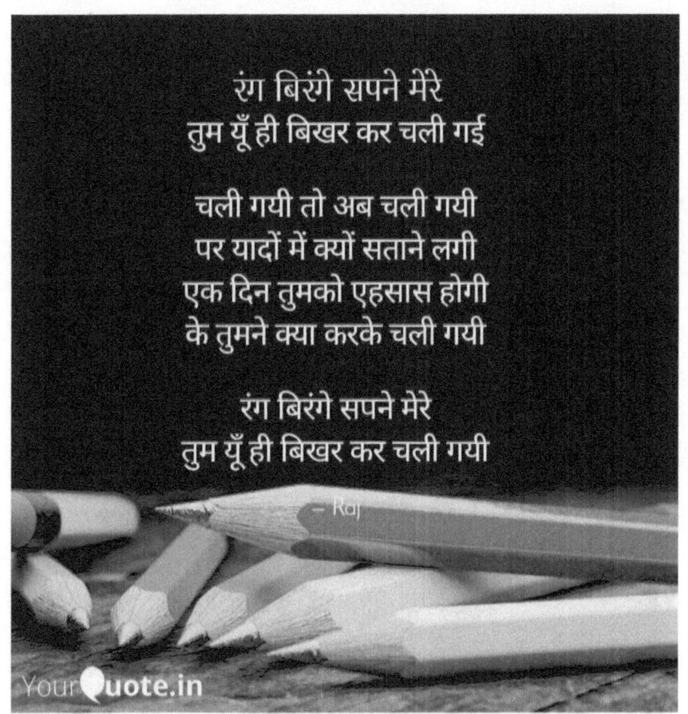

96. पता नहीं कब मैं

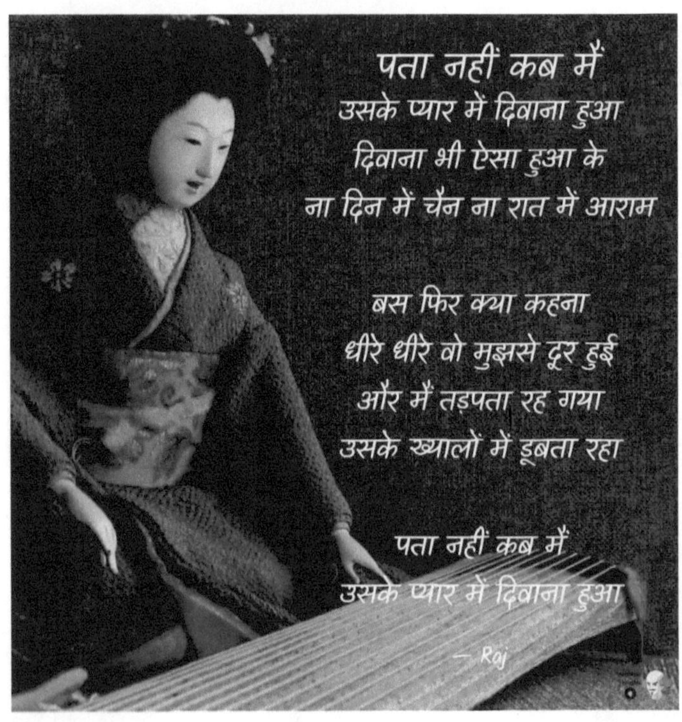

पता नहीं कब मैं
उसके प्यार में दिवाना हुआ
दिवाना भी ऐसा हुआ के
ना दिन में चैन ना रात में आराम

बस फिर क्या कहना
धीरे धीरे वो मुझसे दूर हुई
और मैं तड़पता रह गया
उसके ख्यालों में डूबता रहा

पता नहीं कब मैं
उसके प्यार में दिवाना हुआ

— Raj

97. वो ज़िन्दगी कहाँ है

वो ज़िन्दगी कहाँ है

वो ज़िन्दगी कहाँ है
जिसे चाहते थे हम
लाख ढूंढा जगह जगह
कही नज़र नहीं आया

बदले मौसम बदले समा
बदला यह जहाँ सारा
वो ज़िन्दगी जो हम ढूंढा
मिला नहीं जग सारा

— Raj
YourQuote.in

98. तन्हा सफ़र

काव्य प्रतियोगिता
दो पंक्तियों में
तन्हा सफ़र
यह तन्हा सफ़र न जाने कहाँ तक
कोई साथी नहीं न हमसफ़र
— Raj

जिन्दगी का सफर

— Sangi**

ज़िन्दगी का सफ़र
है बड़ा सुहाना
कभी यह दर्द भरा
कभी यह सुख भरा
जो भी है जैसा भी है
है यह बड़ा सुहाना
कभी यह काँटों भरी
कभी यह सरल सा
जो भी है जैसा भी है
है यह बड़ा सुहाना

— Raj

100. सारी दुनिया युद्ध के

अर्ज किया है...
ज़रा गौर फरमाइयेगा

सारी दुनिया युद्ध के कगार पर हैं
सारी दुनिया युद्ध के कगार पर हैं
कोरोना वायरस सस्ते दाम पर हैं
चारो तरफ़ लाशें ही लाशें हैं
आख़िर कब तक? बेकार लोग खून के
प्यासे हैं

— Raj

अस्वीकरण

सभी रचनाएँ कल्पना पर आधारित हैं। इसका लेखक के जीवन या ब्रह्मांड में किसी से कोई लेना-देना नहीं है। सभी लेख काल्पनिक हैं और किसी जीवित या मृत व्यक्ति से कोई समानता नहीं है। यदि कोई समानता है तो यह मात्र संयोग है।

लेखक की जीवनी

लेखक एक मध्यमवर्गीय परिवार से ताल्लुक रखता है। बचपन से ही झटपट शायरी बनाते थे, कहते और भूल जाते थे। उनके एक करीबी दोस्त ने एक बार इस पर ध्यान दिया और उन्हें जो भी शायरी या कविताएँ लिखीं, उन्हें लिखने के लिए मजबूर किया और तब से उन्होंने लिखना शुरू कर दिया। उन्होंने अपनी शायरी और कविताओं को अपने और अपने करीबी दोस्तों तक ही रखा, जब तक कि उन्हें अपनी रचनाओं को ऑनलाइन लिखने के लिए एक मंच नहीं मिला। वह Your Quote साइट पर एक सक्रिय लेखक हैं और उन्हें प्रतियोगिता के लिए कई प्रशंसापत्र और प्रमाणन प्राप्त हुए हैं। वह एक बहुभाषाविद लेखक हैं और उनका लेखन विस्मयकारी है। चाहे वह अंग्रेजी, हिंदी, उर्दू, मलयालम और मराठी हो, वह सभी भाषाओं में उत्कृष्ट है। वह कई दिलचस्प लेखकों के लिए एक महान प्रेरणा भी हैं। वह मुंबई विश्वविद्यालय से स्नातक हैं। वह एक एकाउंटेंट है और एक स्व-शिक्षित कंप्यूटर इंजीनियर भी है। उनका कौशल शीर्ष पायदान पर है और उनके पास कई प्रमाणपत्र हैं। उनके जुनून अभिनय, लेखन, पेंटिंग और नृत्य और संगीत आदि... आदि... हैं।

www.ingramcontent.com/pod-product-compliance
Lightning Source LLC
Chambersburg PA
CBHW032021140726
47988CB00017BA/898